Early Dances

Alte Tänze

Danses anciennes

INDEX
I

Allemande

W. Fr. Bach & J. S. Bach	g, BWV 836	8
J. J. Froberger	h	9
G. Fr. Händel	G, HWV 441/I	10
J. S. Bach	A, BWV 832/I	11

Courante

J. J. Froberger	G	12
D. Buxtehude	C, BuxWV 228/II	13
G. Fr. Händel	F, HWV 488	14
	G, HWV 441/III	15
D. Zipoli	g	18
J. S. Bach	G, BWV 829/III	20

Sarabande

G. Fr. Händel	d, HWV 448/IV	22
	d, HWV 448/V	23
A. Corelli	e	24
J-Fr. Dandrieu	h	25
Chr. Graupner	c	26
J. Mattheson	e	27
J. Kuhnau	h	28
L. Couperin	C	28
J. Pachelbel	fis	29
	B	30
J. Krieger	d	30
J. Kuhnau	F	31
D. Zipoli	g	32
G. Fr. Händel	e, HWV 438/II	33
J. S. Bach	B, BWV 821/IV	34

Gigue

G. Ph. Telemann	G, TWV 32:1/VI	35
D. Scarlatti	d	36
Fr. Dieupart	A	36
J-Fr. Dandrieu	h	38
D. Zipoli	g	40
J. Pachelbel	fis	42
D. Buxtehude	C, BuxWV 227/IV	42
J. Clarke	A	44
G. Fr. Händel	C, HWV 589	46

Bourrée

J. Krieger	a	47
G. Ph. Telemann	d, TWV 32:2/II	48
J. S. Bach	A, BWV 832/IV	49
Chr. Graupner	B	50
J. L. Krebs	c	51
W. Fr. Bach	h	52
J. Pachelbel	B	53
G. H. Stölzel	g	54
J. S. Bach	F, BWV 820/III	55

Gavotte

G. Ph. Telemann	F, TWV 32:4/IV	56
Chr. Graupner	G	57
J-Fr. Dandrieu	D	58
G. Fr. Händel	G, HWV 441/VI	60
J. S. Bach	g, BWV 808/IV–V	62
J-Ph. Rameau	D, d	64
J. S. Bach	G, BWV 816/IV	66

Menuet

J-B. Lully	d	67
J-Ph. Rameau	D	67
H. Purcell	a	68
J. Krieger	a	68
G. Muffat	C	69
J. Ph. Kirnberger	G	70
J. S. Bach	g, BWV 822/V,VII	70
Chr. Petzold	g, (BWV Anh. 115)	72
	G, (BWV Anh. 114)	73
J. S. Bach	d, BWV Anh. 132	74
G. Böhm	G	74
G. Fr. Händel	a, HWV 549	75
J-Fr. Dandrieu	h	76
	c	77
	F	78
J-Ph. Rameau	a	78
J-Ph. Rameau	G, g	80
D. Scarlatti	C	82
G. Fr. Händel	g, HWV 453/III–IV	83
J. S. Bach	g, BWV 842	84
	c, BWV 813/V	84
	G, 843	86
W. Fr. Bach	d	88
C. Ph. E. Bach	f	89

Passepied

G. Fr. Händel	A, HWV 560	90
(Anonim)	D	90
J. L. Krebs	h	91

Hornpipe

H. Purcell	d	92
	e	92
G. Fr. Händel	d, HWV 461	93

Rigaudon

J. L. Krebs	D	94
G. Ph. Telemann	c, TWV 33:13/III	94
W. Babell	a	95
H. Purcell	C	96
G. Böhm	D	96

Loure

G. Ph. Telemann	a, TWV 32:12/III	98

Polonaise

J. S. Bach	g, BWV Anh. 119	99
C. Ph. E. Bach	g, (BWV Anh. 125)	100
J. S. Bach	F, BWV Anh. 117a	101
C. Ph. E. Bach	g, (BWV Anh. 123)	102
J. A. Hasse	G, (BWV Anh. 130)	103

Suite

G. Ph. Telemann	A, TWV 32:14	104
G. Fr. Händel	d, HWV 437	110

Menuett

L. Mozart	d	114
W. A. Mozart	F, KV 2	114
	C, KV 6	115
	G, KV 1	116
	A, KV 15	117
	D, KV 7	118
	F, KV 5	119
J. Haydn	G, Hob:IX, Nr.8/2	120
	A, Hob:IX, Nr.8/6	120
	C, Hob:IX, Nr.8/10	121

Deutsher Tanz

J. Haydn	D, Hob:IX, Nr.10/1	122
	A, Hob:IX, Nr.10/9	122
	B, Hob:IX Nr.10/5	123
	Es, Hob:IX, Nr.10/6	123

Ecossaise

L. van Beethoven	Es, WoO 83/1	124
	Es, WoO 83/2	124
	Es, WoO 83/3	125
	Es, WoO 83/4	126
	Es, WoO 83/5	126
	Es, WoO 83/6	127
	G, WoO 23	128

Walzer

L. van Beethoven	Es, WoO 84	128

Menuett

Fr. Schubert	F, D 41/1	130
	C, D 41/2	131
	B, D 41/5	132
	D, D 336	132

Ecossaise

F. Schubert	D, D 529/1	134
	D, D 529/2	134
	G, D 529/3	134
	D, D 529/4	135
	D, D 529/5	135
	D, D 529/6	135
	D, D 529/7	136
	D, D 529/8	136

Deutscher Tanz

F. Schubert	D, D 783, Op.33/5	137
	B, D 783, Op.33/6	137
	a, D 783, Op.33/10	138
	B, D 783, Op.33/7	138

Walzer

F. Schubert	As, D 365, Op.9/1	139
	As, D 365, Op.9/2	139
	As, D 365, Op.9/3	140
	G, D 145, Op.18/5	140
	h, D 145, Op.18/6	141
	F, D 969, Op.77/10	142
	C, D 969, Op.77/11	142
	G, D 779, Op.50/11	143
	D, D 779, Op.50/12	143

INDEX
II

Babell, William 95
(ca. 1690–1723)

Bach, Carl Philipp Emanuel . . . 89, 100, 102
(1714–1788)

Bach, Johann Sebastian 8, 11, 20, 34, 49, 55, 62,
(1685–1750)   66, 70, 74, 84, 86, 99, 101

Bach, Wilhelm Friedemann . . . 8, 52, 88
(1710–1784)

Beethoven, Ludwig van 124–129
(1770–1827)

Böhm, Georg 74, 96
(1661–1733)

Buxtehude, Dietrich 13, 42
(1637–1707)

Clarke, Jeremiah 44
(ca. 1674–1707)

Corelli, Arcangelo 22, 24
(1653–1713)

Couperin, Louis 28
(1626–1661)

Dandrieu, Jean-François 25, 38, 58, 76, 77, 78
(1682–1738)

Dieupart, Charles 36
(ca. 1670–ca. 1740)

Froberger, Johann Jakob 9, 12
(1616–1667)

Graupner, Christoph 26, 50, 57
(1683–1760)

Hasse, Johann Adolph 103
(1699–1783)

Haydn, Joseph 120–123
(1732–1809)

Händel, Georg Friedrich 10, 14, 15, 22, 23, 33, 46,
(1685–1759)   60, 75, 83, 90, 93, 110

Kirnberger, Johann Philipp 70
(1721–1783)

Krebs, Johann Ludwig 51, 91, 94
(1713–1780)

Krieger, Johann 30, 47, 68
(1652–1735)

Kuhnau, Johann 28, 31
(1660–1722)

Lully, Jean-Baptiste 67
(1632–1687)

Mattheson, Johann 27
(1681–1764)

Mozart, Leopold 114
(1719–1787)

Mozart, Wolfgang Amadeus . . 114–119
(1756–1791)

Muffat, Gottlieb 69
(1690–1770)

Pachelbel, Johann 29, 30, 42, 53
(1653–1706)

Petzold, Christian 72, 73
(1677–1733)

Purcell, Henry 68, 92, 96
(1659–1695)

Rameau, Jean-Philippe 64, 67, 78, 80
(1683–1764)

Scarlatti, Domenico 36, 82
(1685–1757)

Schubert, Franz 130–143
(1797–1828)

Stölzel, Gottfried Heinrich . . . 54
(1690–1749)

Telemann, Georg Philippe . . . 35, 48, 56, 94
(1681–1767)   98, 104

Zipoli, Domenico 18, 32, 40
(1688–1726)

Allemande

Wilhelm Friedemann Bach & Johann Sebastian Bach

Allemande

Johann Jakob Froberger

Allemande

Georg Friedrich Händel

Allemande

Johann Sebastian Bach

Courante

Johann Jakob Froberger

Courante

Dietrich Buxtehude

Courante

Georg Friedrich Händel

Courante

Georg Friedrich Händel

Courante

Domenico Zipoli

Courante

Johann Sebastian Bach

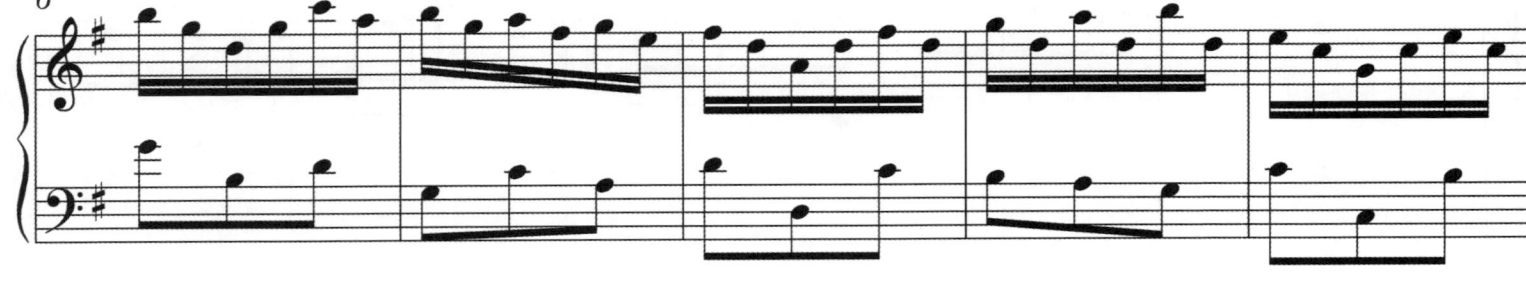

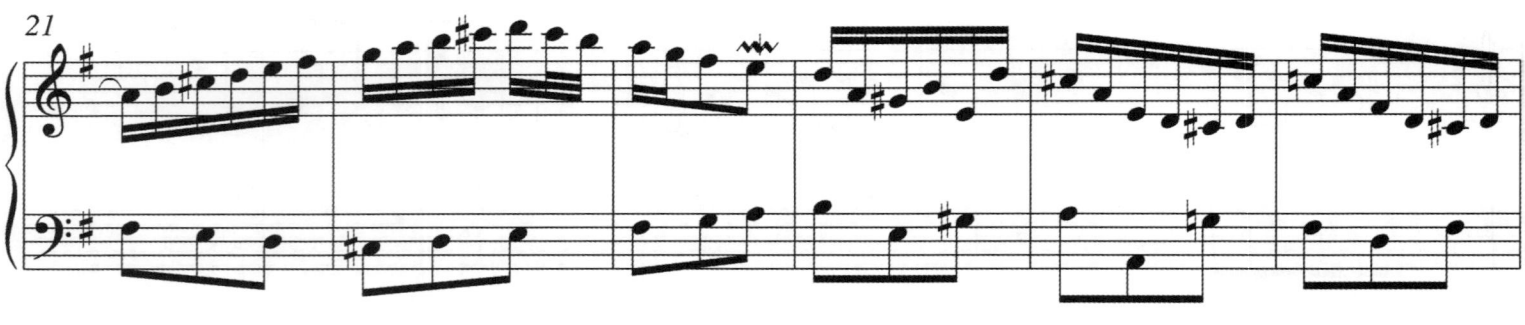

Sarabande

Georg Friedrich Händel

Sarabande

Arcangelo Corelli

La Fidèle–Sarabande

Jean-François Dandrieu

Sarabande

Christoph Graupner

Sarabande

Johann Mattheson

Sarabande

Johann Kuhnau

Sarabande

Louis Couperin

Sarabande

Johann Pachelbel

Sarabande

Johann Pachelbel

Sarabande

Johann Krieger

Sarabande

Johann Kuhnau

Sarabande

Domenico Zipoli

Sarabande

Georg Friedrich Händel

Sarabande

Johann Sebastian Bach

Gigue à l'Angloise

Georg Philipp Telemann

La Capricieuse–Gigue

Jean-François Dandrieu

Gigue

Domenico Zipoli

Gigue
Johann Pachelbel

Gigue
Dietrich Buxtehude

Gigue

Jeremiah Clarke

Gigue

Georg Friedrich Händel

Bourrée

Georg Philipp Telemann

Bourrée

Johann Sebastian Bach

Bourrée

Christoph Graupner

Bourrée

Johann Ludwig Krebs

Bourrée

Wilhelm Friedemann Bach

Bourrée

Gottfried Heinrich Stölzel

Bourrée

Johann Sebastian Bach

Gavotte

Georg Philipp Telemann

Gavotte

Christoph Graupner

Gavotte en Rondeau

Jean-François Dandrieu

Gavotte

Georg Friedrich Händel

Gavotte I

Johann Sebastian Bach

Gavotte II

Fine

(Gavotte I Da Capo)

Gavotte

Johann Sebastian Bach

Menuet

Henry Purcell

Menuet

Johann Krieger

Menuet

Gottlieb Muffat

Menuet

Johann Philipp Kirnberger

Menuet I

Johann Sebastian Bach

Fine

Menuet II

Menuet I Da Capo

Menuet

Christian Petzold

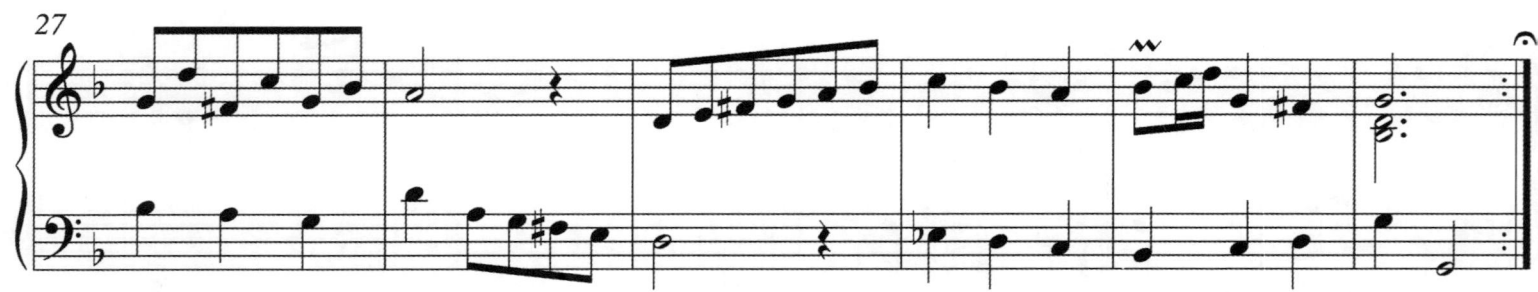

Menuet

Christian Petzold

Menuet

Johann Sebastian Bach

Menuet

Georg Böhm

74

K 130

Menuet

Georg Friedrich Händel

Le Petit Maître - Menuet

Jean-François Dandrieu

Reprise

Le Turbulent - Menuet

Jean-François Dandrieu

Menuet

Jean-François Dandrieu

Menuet

Jean-Philippe Rameau

Menuet I

Jean-Philippe Rameau

Fine

Menuet II

Menuet I Da Capo al Fine

Menuet

Domenico Scarlatti

K 130

Menuet I

Georg Friedrich Händel

Fine

Menuet II

Menuet I Da Capo

Menuet

Johann Sebastian Bach

Menuet

Johann Sebastian Bach

84

K 130

Menuet

Johann Sebastian Bach

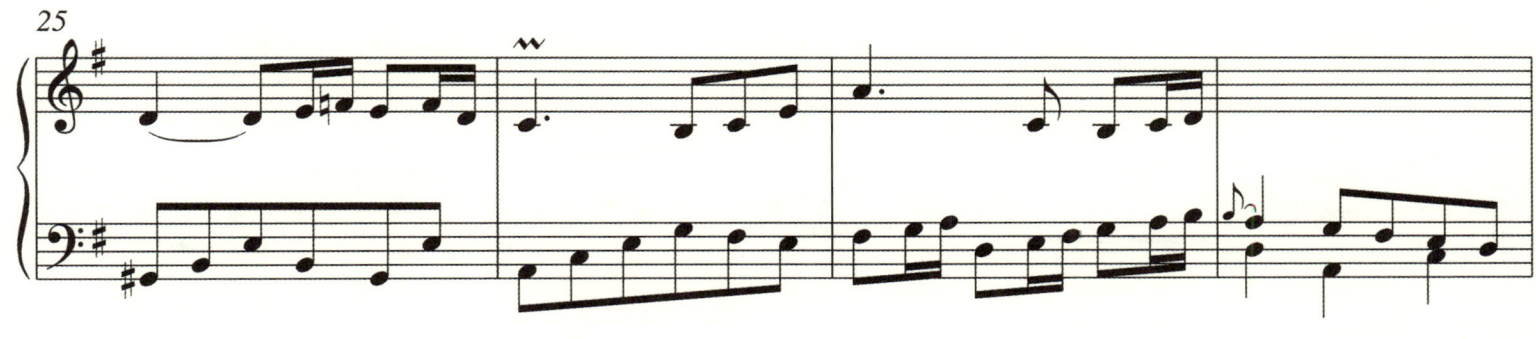

Menuet

Wilhelm Friedemann Bach

Menuet

Carl Philipp Emanuel Bach

Passepied

Georg Friedrich Händel

Passepied

Anonim

Passepied
Johann Ludwig Krebs

Hornpipe (Air)

Georg Friedrich Händel

Rigaudon
Johann Ludwig Krebs

Rigaudon
Georg Philipp Telemann

Rigaudon

William Babell

Rigaudon

Henry Purcell

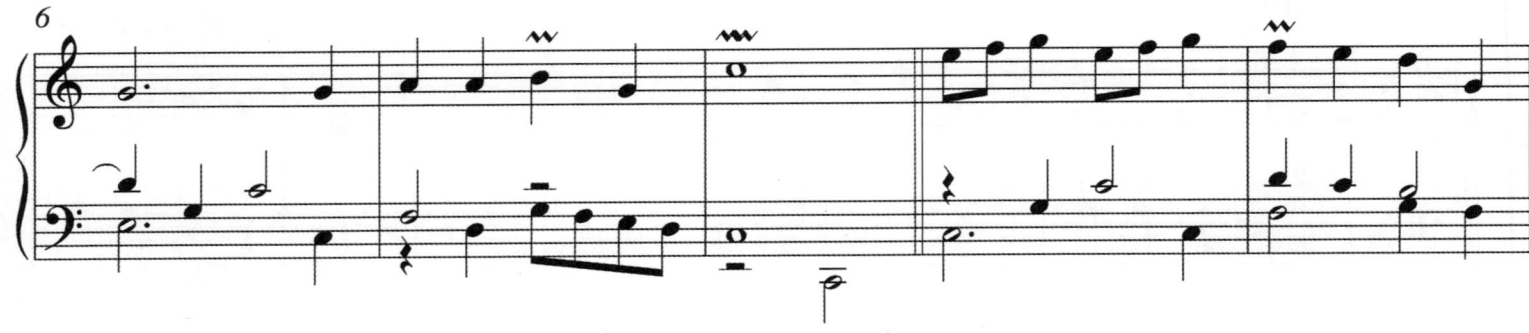

Rigaudon

Georg Böhm

Loure

Georg Philipp Telemann

Polonaise

Johann Sebastian Bach (?)

Polonaise

Carl Philipp Emanuel Bach

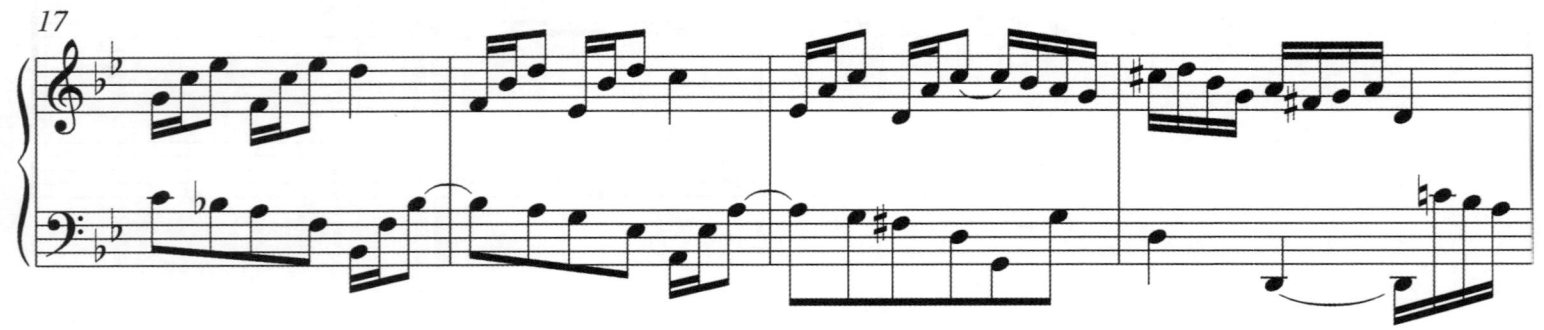

Polonaise

Johann Sebastian Bach (?)

Polonaise

Carl Philipp Emanuel Bach

Da Capo al Fine

Polonaise

Johann Adolph Hasse

Suite – Allemande

Georg Philipp Telemann

Courante

Gigue

Suite – Allemande

Georg Friedrich Händel

Courante

Sarabande

Menuett

Leopold Mozart

Fine

Da Capo al Fine

Menuett

Wolfgang Amadeus Mozart

Menuett — Wolfgang Amadeus Mozart

Menuett (I)

Wolfgang Amadeus Mozart

(Fine)

Menuett (II)

(Menuett I da Capo al Fine)

Menuett (I)

Wolfgang Amadeus Mozart

(Fine)

Menuett (II)

(Menuett I Da Capo al Fine)

Menuett

Wolfgang Amadeus Mozart

K 130

Menuett

Wolfgang Amadeus Mozart

K 130

Menuett

Joseph Haydn

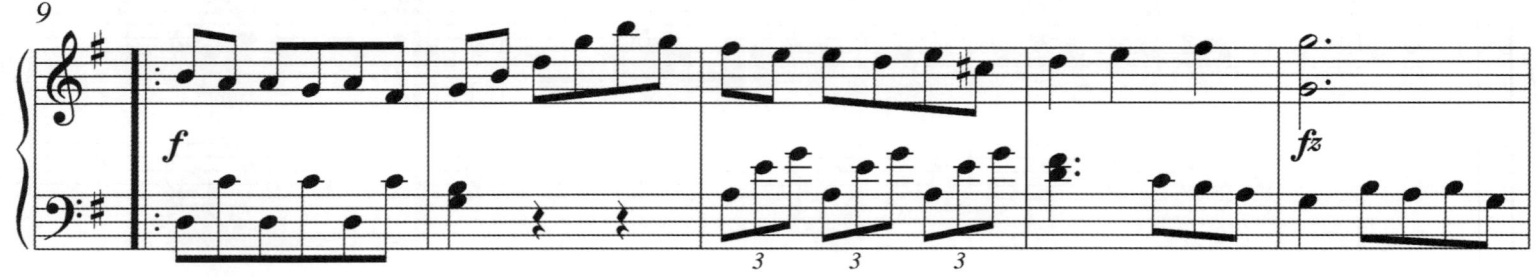

Menuett

Joseph Haydn

Menuett

Joseph Haydn

Fine

Trio

Menuett Da Capo

Deutscher Tanz

Joseph Haydn

Deutscher Tanz

Joseph Haydn

6 Ecossaisen

Ludwig van Beethoven

Menuett

Franz Schubert

Menuett Da Capo

8 Ecossaisen

Franz Schubert

Deutscher Tanz

Franz Schubert

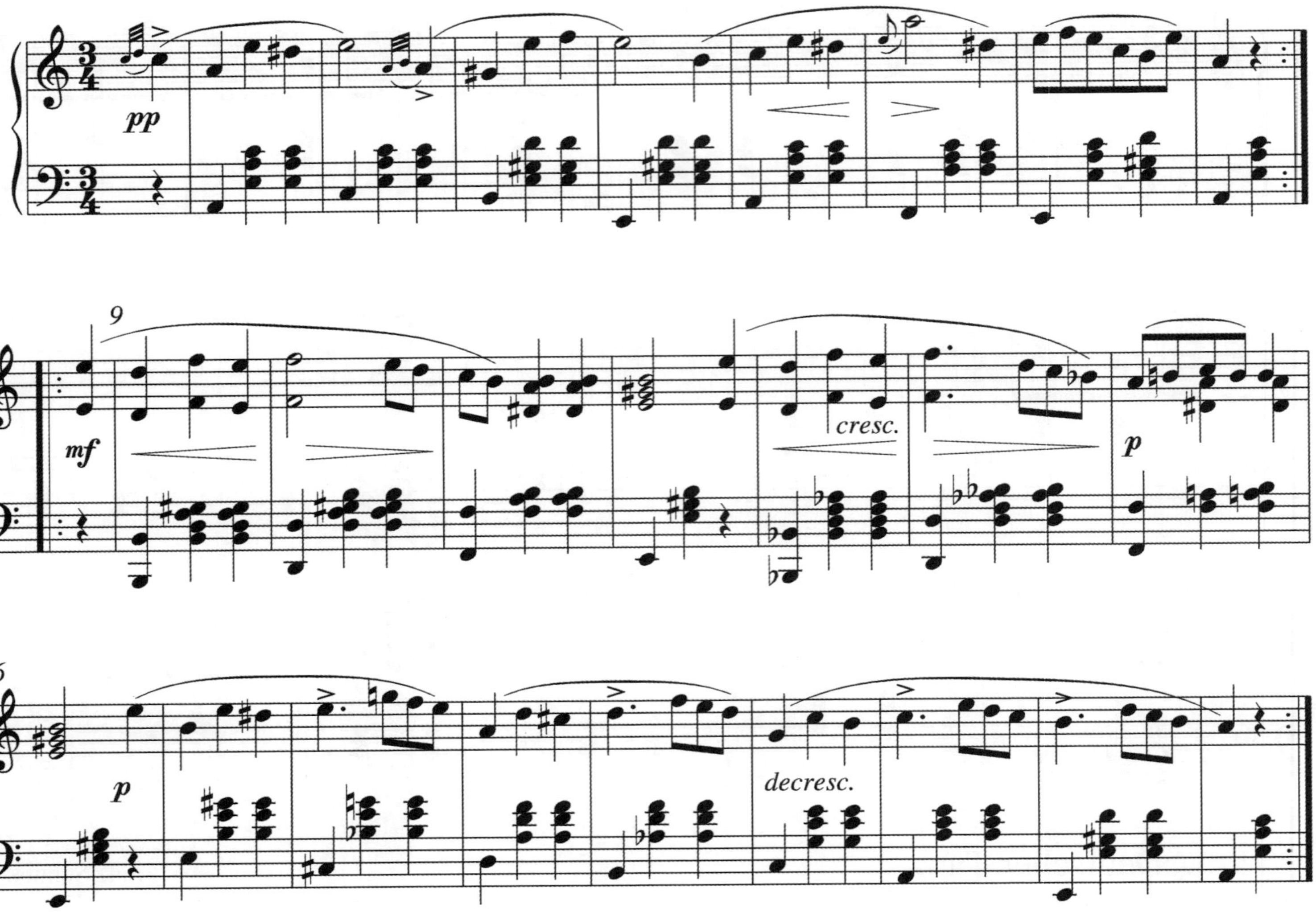
pp
9
mf
cresc.
p
16
p
decresc.

Deutscher Tanz

Franz Schubert

p
mit erhobener Dämpfung
9
f
fz
p

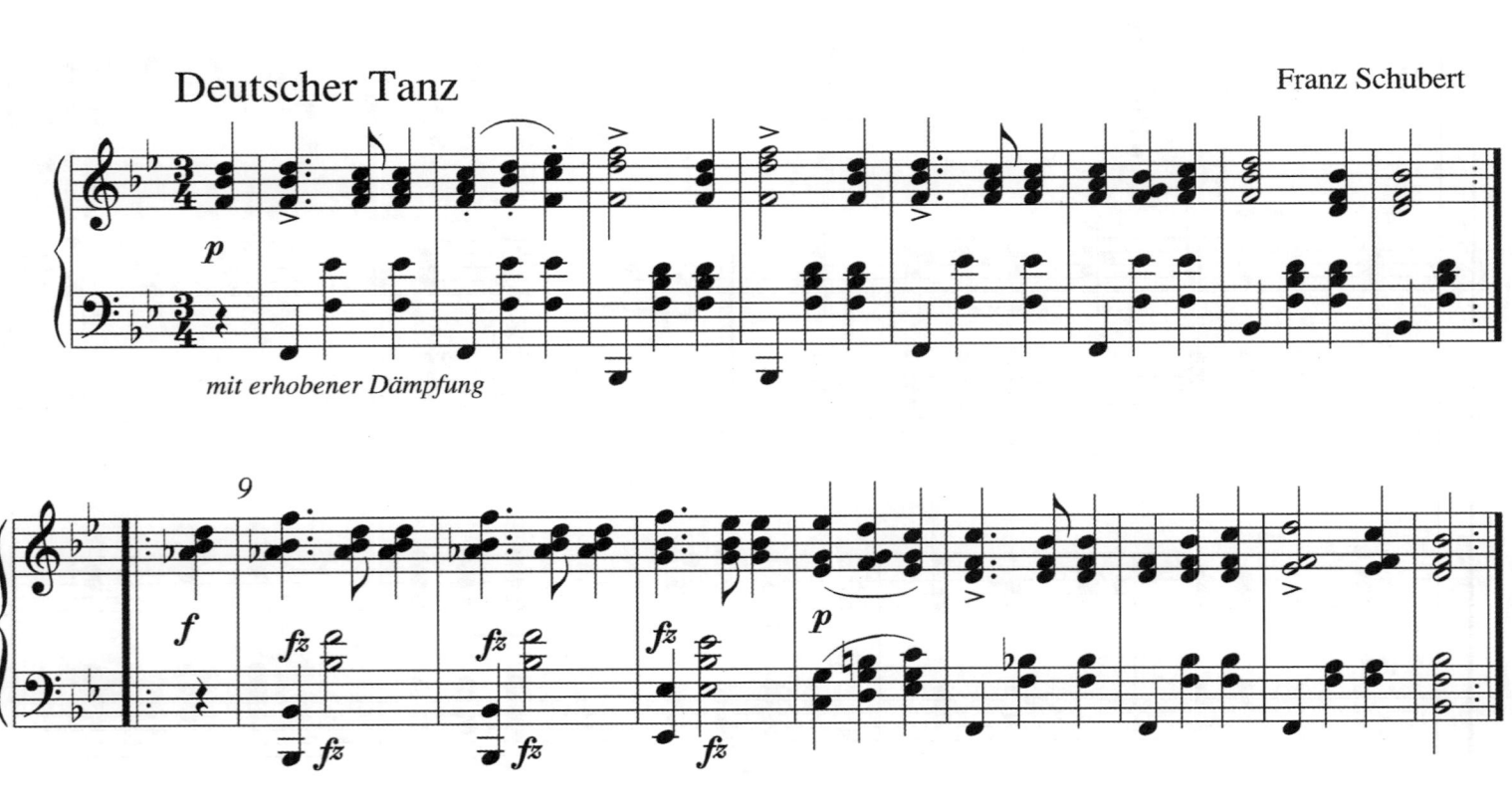

"Erste Walzer"
Franz Schubert

"Erste Walzer"–Trauerwalzer
Franz Schubert

K 130
139

Walzer

Franz Schubert

MUSICA PIANO

**OVER 25.000 PAGES OF PIANO
MUSIC SHEETS ONLINE**

Bach, Beethoven, Brahms, Chopin, Czerny,
Debussy, Gershwin, Dvořák, Grieg, Haydn,
Joplin, Lyadov, Mendelssohn-Bartholdy, Mozart,
Mussorgsky, Purcell, Schubert, Schumann,
Scriabin, Tchaikovsky and many more

KÖNEMANN

© 2018 koenemann.com GmbH
www.koenemann.com

Editor: Ágnes Lakos
Responsible co-editor: Tamás Zaszkaliczky
Technical editor: Dezső Varga
Engraved by Kottamester Bt., Budapest

ISBN 978-3-7419-1497-3

Printed in China by Reliance Printing